KB170703

JUST BETWEEN US

엄마 _____ 와

딸 _____ 의

평생 남을 단 하나의 교환일기

엄마와 딸의 교환일기

JUST BETWEEN US :
MOMS & DAUGHTERS

_____

_____

_____

_____

" 준비되셨나요? "

시작해요 # 엄마와딸 # 교환일기 # 추억

WARM-UP
_____
_____
_____

교환일기를 시작한 날

_____ 년

_____ 월

_____ 일

이 책을 시작하기에 앞서,
교환일기를 같이 쓰게 될 엄마와 딸은

1. 현재 같이 살고 있나요?

☐ 같이 산다 ☐ 따로 산다

2. 일기는 며칠에 한 번씩 교환할 건가요?

☐ 매일 ☐ 일주일 ☐ 한 달 ☐ 그때그때 다르다 ☐ 기타

3. 일기는 어떤 방식으로 쓰고 싶나요?

☐ 처음부터 끝까지 순서대로 ☐ 쓰고 싶은 질문부터

4. 평소에 대화를 자주 하는 편인가요?

☐ 매일 한다 ☐ 일주일에 한두 번 한다
☐ 가끔 생각나면 한다 ☐ 거의 하지 않는다

5. 이 책을 통해 무엇을 얻고 싶나요?

엄마 :

딸 :

PUT YOUR PICTURE HERE

딸과 함께 찍은 추억의 사진을
아래에 붙여 보세요.

PUT YOUR PICTURE HERE

엄마와 함께 찍은 추억의 사진을
아래에 붙여 보세요.

당신을 소개해 주세요.

이름 :

생년월일 :

띠 :

혈액형 :

키 :

발 사이즈 :

직업 :

고향 :

거주지 :

취미 :

종교 :

성격 :

나를 표현하는 한 단어 :

당신을 소개해 주세요.

이름 :

생년월일 :

띠 :

혈액형 :

키 :

발 사이즈 :

직업 :

고향 :

거주지 :

취미 :

종교 :

성격 :

나를 표현하는 한 단어 :

엄마 _____ 의 인생 그래프

5

4

3

2

1

0

-1

-2

-3

-4

-5

내 삶에 굵직한 사건들에 점수를 매겨 그래프 위에 점을 찍어 보고
어떤 일이었는지 점 옆에 간단한 설명을 적어 보세요.
그리고 그 점들을 선으로 이어서 나만의 인생 곡선을 그려 보세요.

$\rightarrow$

세로축은 점수, 가로축은 나이입니다.
나이는 원하는 대로 자유롭게 적으면 됩니다.

딸 _____ 의 인생 그래프

5	
4	
3	
2	
1	
0	
-1	
-2	
-3	
-4	
-5	

내 삶에 굵직한 사건들에 점수를 매겨 그래프 위에 점을 찍어 보고
어떤 일이었는지 점 옆에 간단한 설명을 적어 보세요
그리고 그 점들을 선으로 이어서 나만의 인생 곡선을 그려 보세요

→

세로축은 점수, 가로축은 나이입니다.
나이는 원하는 대로 자유롭게 적으면 됩니다.

CHAPTER 1

일상

" 당신의 일상은 무엇으로 채워져 있나요? "

소소한일상 # 요즘뭐해 # 안부 # 하루일과

DATE   .   .   .

WEATHER   ☀ ☁ ☂ ☂

CONDITION

TODAY`S MOOD

엄마의 일상이 궁금해요.
요새 즐기는 것들에 대해 말해 보세요.

① 요새 즐겨 보는 유튜브 채널은?

....

② 가장 많이 사용하는 스마트폰 앱은?

....

③ 가장 최근에 통화한 사람은?

....

④ 가장 최근에 구매한 것은?

....

⑤ 딸에게 가장 마지막으로 보낸 메시지는?

....

TODAY'S MOOD

딸의 일상이 궁금해요.
요새 즐기는 것들에 대해 말해 보세요.

---

① 요새 즐겨 보는 유튜브 채널은?

....

② 가장 많이 사용하는 스마트폰 앱은?

....

③ 가장 최근에 통화한 사람은?

....

④ 가장 최근에 구매한 것은?

....

⑤ 엄마에게 가장 마지막으로 보낸 메시지는?

....

TODAY'S MOOD

매일의 습관이 쌓이고 쌓여 한 사람의 인생을 이룬다고 하죠.
꼭 고치고 싶은 나의 성격이나 생활 습관이 있나요?

TODAY'S MOOD

매일의 습관이 쌓이고 쌓여 한 사람의 인생을 이룬다고 하죠.
꼭 고치고 싶은 나의 성격이나 생활 습관이 있나요?

'이것만은 잘하고 있다!'라고 자부할 수 있는
나만의 좋은 습관이나 성격이 있다면 자랑해 보세요.

'이것만은 잘하고 있다!'라고 자부할 수 있는
나만의 좋은 습관이나 성격이 있다면 자랑해 보세요.

DATE　　　　　　.　　　　.　　　　.

WEATHER　　　　　　

CONDITION

요즘엔 어떤 고민이 있나요?
가장 고민하고 있는 것에 대해 적어 보세요

① 인간관계 :

② 금전 :

③ 건강 :

④ 일 :

⑤ 그 외 :

요즘엔 어떤 고민이 있나요?
가장 고민하고 있는 것에 대해 적어 보세요.

① 인간관계 :

② 금전 :

③ 건강 :

④ 일 :

⑤ 그 외 :

DATE   .   .   .

WEATHER

CONDITION

앉으나 서나 늘 딸 걱정뿐인 게 엄마의 마음이지요.
특별히 더 걱정되는 상황이 있다면 적어 보세요.

최근에 엄마 걱정을 한 적이 있나요?
어떨 때 엄마가 가장 걱정되는지 적어 보세요.

'우리 딸' 하면 어떤 것들이 떠오르나요?
자유롭게 생각의 지도를 그려 보세요.

'딸'하면 떠오르는 단어들을 자유롭게 원 안에 적어 보세요.

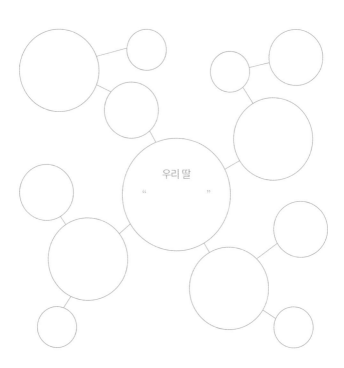

우리 딸
" "

DATE   .   .   .

WEATHER

CONDITION

'우리 엄마' 하면 어떤 것들이 떠오르나요?
자유롭게 생각의 지도를 그려 보세요.

'엄마'하면 떠오르는 단어들을 자유롭게 원 안에 적어 보세요.

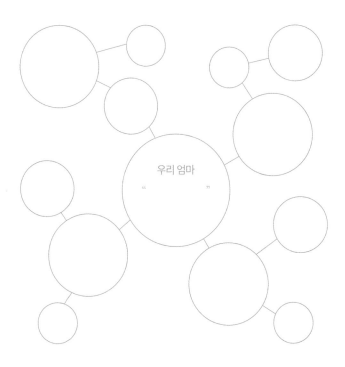

우리 엄마
"   "

우리 딸만의 특별한 매력은 무엇이라고 생각하나요?
내가 생각하는 딸의 매력을 세 가지 적어 보세요.

매력 ① :

매력 ② :

매력 ③ :

DATE   .   .   .

WEATHER   ☀ ☁ ☔ ☂

CONDITION

TODAY'S MOOD

우리 엄마의 특별한 매력은 무엇이라고 생각하나요?
내가 생각하는 엄마의 매력을 세 가지 적어 보세요.

매력 ① :

매력 ② :

매력 ③ :

DATE   .   .   .

WEATHER   ☀ ☁ ⛆ ☔

CONDITION

나는 어떤 성향의 사람인가요?
내 모습에 해당하는 쪽에 동그라미를 표시해 보세요.

몽상가	현실주의자
외향적	내향적
체계적이다	적응을 잘한다
계획적이다	즉흥적이다
과묵하다	수다스럽다
예민하다	둔하다
친절하다	무뚝뚝하다
모험적이다	안정적이다
분석적이다	감성적이다
차분하다	산만하다
꼼꼼하다	덜렁댄다

VS

DATE   .   .   .

WEATHER   ☀ ☁ ☂ ☂

CONDITION

TODAY'S MOOD

나는 어떤 성향의 사람인가요?
내 모습에 해당하는 쪽에 동그라미를 표시해 보세요.

몽상가	현실주의자
외향적	내향적
체계적이다	적응을 잘한다
계획적이다	즉흥적이다
과묵하다	수다스럽다
예민하다	둔하다
친절하다	무뚝뚝하다
모험적이다	안정적이다
분석적이다	감성적이다
차분하다	산만하다
꼼꼼하다	덜렁댄다

VS

딸에게 가장 많이 하는 잔소리는 무엇인가요?
잔소리를 한 뒤 딸의 반응은 어땠나요?

딸의 한마디를 적어 보세요.

엄마에게 가장 많이 부리는 투정은 무엇인가요?
투정을 부리고 난 뒤 엄마의 반응은 어땠나요?

엄마의 한마디를 적어 보세요.

TODAY'S MOOD

'이것만 안 하면 좋겠다'싶은 딸의 말이나 행동이 있나요?
그리고 그 부분을 개선하기 위해 어떤 노력을 할 것인지 서로
답변도 적어 보세요.

딸의 한마디를 적어 보세요.

WEATHER　　　　☀ ☁ ☂ ☔

CONDITION

TODAY'S MOOD

'이것만 안 하면 좋겠다'싶은 엄마의 말이나 행동이 있나요?
그리고 그 부분을 개선하기 위해 어떤 노력을 할 것인지 서로
답변도 적어 보세요.

엄마의 한마디를 적어 보세요.

TODAY'S MOOD

최근에 딸에게 미안한 일이 있었나요?
쑥스러워 제대로 사과하지 못했다면, 어떤 말로 딸에게 미안
함을 전하고 싶은지 적어 보세요.

DATE   .   .   .

WEATHER   ☼ ☁ ☂ ☔

CONDITION

TODAY'S MOOD

최근에 엄마에게 미안한 일이 있었나요?
쑥스러워 제대로 사과하지 못했다면, 어떤 말로 엄마에게 미안함을 전하고 싶은지 적어 보세요.

최근에 건강에 이상이 생긴 경험이 있나요?
어디가 어떻게 아팠고, 회복을 위해 어떤 노력을 하고 있는지
적어 보세요.

DATE   .   .   .

WEATHER   ☀ ☁ ☂ ☔

CONDITION

TODAY'S MOOD

최근에 건강에 이상이 생긴 경험이 있나요?
어디가 어떻게 아팠고, 회복을 위해 어떤 노력을 하고 있는지
적어 보세요.

TODAY'S MOOD

건강을 위해 물 마시기 습관은 필수라고 합니다.
오늘 마신 물의 양만큼 컵을 색칠해 보세요.

한 컵 = 250mL

TODAY'S MOOD

건강을 위해 물 마시기 습관은 필수라고 합니다.
오늘 마신 물의 양만큼 컵을 색칠해 보세요.

한 컵 = 250mL

'걷기'야말로 쉽고도 확실하게 건강을 챙길 수 있는 운동입니다.
아래 원형 표에 오늘 걸은 걸음 수만큼 표시해 보세요.

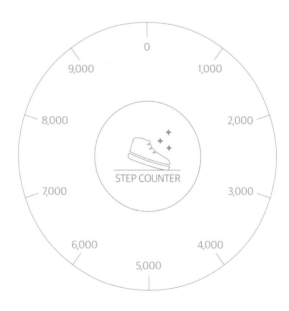

0
1,000
2,000
3,000
4,000
5,000
6,000
7,000
8,000
9,000

STEP COUNTER

💬 하루에 1만 보를 꾸준히 걸을 경우 심장 질환, 골다공증, 치매 예
방 및 다이어트, 우울증 감소에 탁월한 효과가 있다고 해요.

DATE   .   .   .

WEATHER

CONDITION

'걷기'야말로 쉽고도 확실하게 건강을 챙길 수 있는 운동입니다.
아래 원형 표에 오늘 걸은 걸음 수만큼 표시해 보세요.

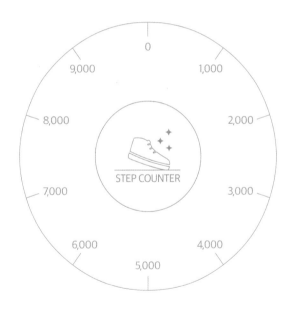

💬 하루에 1만 보를 꾸준히 걸을 경우 심장 질환, 골다공증, 치매 예
방 및 다이어트, 우울증 감소에 탁월한 효과가 있다고 해요.

스트레스를 푸는 나만의 방법이 있나요?
어떤 식으로 스트레스를 푸는지 적어 보세요.

DATE   .   .   .

WEATHER

CONDITION

스트레스를 푸는 나만의 방법이 있나요?
어떤 식으로 스트레스를 푸는지 적어 보세요.

TODAY'S MOOD

언제나 월급은 통장을 스쳐 가지만,
그래도 올해 산 것 중에 가장 합리적인 소비를 했다고 생각하
는 게 있다면 적어 보세요.

물품명 :

구매 날짜 :

구매 이유 :

가격 :

언제나 월급은 통장을 스쳐 가지만,
그래도 올해 산 것 중에 가장 합리적인 소비를 했다고 생각하
는 게 있다면 적어 보세요.

물품명 :

구매 날짜 :

구매 이유 :

_____

가격 :

DATE   .   .   .

WEATHER   ☀ ☁ ☂ ☂

CONDITION

세상에서 돈 쓰는 것만큼 짜릿한 일이 또 있을까요?
올해가 가기 전에 꼭 사고 싶은 게 있다면 적어 보세요.

물품명 :

구매 날짜 :

구매 이유 :

가격 :

세상에서 돈 쓰는 것만큼 짜릿한 일이 또 있을까요?
올해가 가기 전에 꼭 사고 싶은 게 있다면 적어 보세요.

물품명 :

구매 날짜 :

구매 이유 :

가격 :

DATE   .   .   .

WEATHER

CONDITION

TODAY'S MOOD

평소에 가계부를 적는 편인가요?
오늘 하루 어떤 수입과 지출이 있었는지 내역을 적어 보세요.

	내역	금액
수입		₩
		₩
지출		₩
		₩
		₩
		₩
		₩
합계		₩

평소에 가계부를 적는 편인가요?
오늘 하루 어떤 수입과 지출이 있었는지 내역을 적어 보세요.

	내역	금액
수입		₩
		₩
지출		₩
		₩
		₩
		₩
		₩
합계		₩

배움의 기쁨은 생활에 큰 활력소가 되지요.
요즘 새로 배워 보고 싶은 것이 있다면 체크해 보세요.

☑ CHECK LIST

활동운
☐ 테니스	☐ 수영	☐ 요가
☐ 복싱	☐ 필라테스	☐ 클라이밍
☐ 스케이트	☐ 서핑	☐ 스키
☐ 보드	☐ 발레	☐ 골프

악기
☐ 기타	☐ 드럼	☐ 피아노
☐ 바이올린	☐ 첼로	☐ 플루트
☐ 가야금	☐ 색소폰	☐ 우쿨렐레

그 외
☐ 요리	☐ 베이킹	☐ 그림
☐ 네일아트	☐ 바리스타	☐ 코딩
☐ 자격증 공부	☐ 목공	☐ 영어
☐ 사진	☐ 노래	☐ 바둑
☐ 글쓰기	☐ 캘리그라피	☐ 영상 제작

TODAY'S MOOD

배움의 기쁨은 생활에 큰 활력소가 되지요.
요즘 새로 배워 보고 싶은 것이 있다면 체크해 보세요.

☑ CHECK LIST

운동

☐ 테니스	☐ 수영	☐ 요가
☐ 복싱	☐ 필라테스	☐ 클라이밍
☐ 스케이트	☐ 서핑	☐ 스키
☐ 보드	☐ 발레	☐ 골프

악기

☐ 기타	☐ 드럼	☐ 피아노
☐ 바이올린	☐ 첼로	☐ 플루트
☐ 가야금	☐ 색소폰	☐ 우쿨렐레

그외

☐ 요리	☐ 베이킹	☐ 그림
☐ 네일아트	☐ 바리스타	☐ 코딩
☐ 자격증 공부	☐ 목공	☐ 영어
☐ 사진	☐ 노래	☐ 바둑
☐ 글쓰기	☐ 캘리그라피	☐ 영상 제작

최근 가장 크게 웃었던 일을 떠올려 보고,
당시의 상황을 실감 나게 적어 보세요.

DATE   .   .   .

WEATHER

CONDITION

TODAY'S MOOD

최근 가장 크게 웃었던 일을 떠올려 보고,
당시의 상황을 실감 나게 적어 보세요.

DATE · · ·

WEATHER ☼ ☁ ☂ ☔

CONDITION

최근에 가장 화가 났던 일을 생각하며
그에 대한 솔직한 심정을 글로 정리해 보세요.

DATE   .   .   .

WEATHER   ☼ ☁ ☂ ☔

CONDITION

최근에 가장 화가 났던 일을 생각하며
그에 대한 솔직한 심정을 글로 정리해 보세요.

TODAY'S MOOD

보통 몇 시에 잠드나요?
그리고 잠들기 전에는 주로 무엇을 하는지, 어떤 걱정거리를
마음에 품고 잠드는지 적어 보세요.

보통 몇 시에 잠드나요?
그리고 잠들기 전에는 주로 무엇을 하는지, 어떤 걱정거리를
마음에 품고 잠드는지 적어 보세요.

꿈을 자주 꾸는 편인가요?
가장 최근에 꾼 꿈에 대해 자세히 설명해 보세요.

꿈을 자주 꾸는 편인가요?
가장 최근에 꾼 꿈에 대해 자세히 설명해 보세요.

TODAY`S MOOD

현재 나의 직업은 무엇인가요?
그 일의 장점과 단점에 대해 적어 보세요.

직업명 :

하는 일 :

장점과 단점 :

현재 나의 직업은 무엇인가요?
그 일의 장점과 단점에 대해 적어 보세요.

직업명 :

하는 일 :

장점과 단점 :

TODAY'S MOOD

모든 직장인은 늘 사직서를 가슴에 품고 출근한다지요.
일할 때 나를 힘들게 하는 것들은 무엇인가요?

업무 :

환경 :

인간관계 :

TODAY'S MOOD

모든 직장인은 늘 사직서를 가슴에 품고 출근한다지요.
일할 때 나를 힘들게 하는 것들은 무엇인가요?

아직 직장인이 아니라면, 직장인이 된 내 모습을 상상해서 적어 보세요.

업무 :

환경 :

인간관계 :

딱 하루만 원하는 직업으로 살 수 있다면,
어떤 직업을 선택할 건가요?

직업명 :

선택한 이유 :

딱 하루만 원하는 직업으로 살 수 있다면,
어떤 직업을 선택할 건가요?

직업명 :

선택한 이유 :

DATE   .   .   .

WEATHER

CONDITION

TODAY`S MOOD

'이것만큼은 자신 있다!'싶은
나만의 요리와 그 레시피를 적어 보세요.

요리명 :

재료 :

만드는 방법 :

난이도 : ☆☆☆☆☆

딸이 쓰는 엄마의 요리 리뷰 : ☆☆☆☆☆

070   MOM'S PAGE

TODAY'S MOOD

'이것만큼은 자신 있다!' 싶은
나만의 요리와 그 레시피를 적어 보세요.

요리명 :

재료 :

만드는 방법 :

난이도 : ☆☆☆☆☆

엄마가 쓰는 딸의 요리 리뷰 : ☆☆☆☆☆

TODAY'S MOOD

지금 내 삶에서 불만족스럽거나 개선하고 싶은 점이 있나요?
세 가지만 추려서 적어 보세요.

① :

② :

③ :

TODAY'S MOOD

지금 내 삶에서 불만족스럽거나 개선하고 싶은 점이 있나요?
세 가지만 추려서 적어 보세요.

① :

② :

③ :

내 인생에 있어 올해가 어떤 시기였는지
아래 체크리스트에 체크해 보세요.

☑ CHECK LIST

□ 준비하고 배우는 시기였다

□ 열심히 일하며 내 능력을 발휘하는 시기였다

□ 잠시 쉬어 가는 시기였다

□ 앞으로 남은 인생의 방향을 정하는 시기였다

□ 결정적인 선택을 고민한 시기였다

□ 예상치 못한 굴곡이 많은 시기였다

□ 열심히 일하며 경력을 차곡차곡 쌓는 시기였다

□ 여유를 가지고 새로운 경험에 도전하는 시기였다

□ 지나온 인생을 회고하고 정리해 보는 시기였다

□ 이별과 만남의 시기였다

내 인생에 있어 올해가 어떤 시기였는지
아래 체크리스트에 체크해 보세요.

☑ **CHECK LIST**

☐ 준비하고 배우는 시기였다

☐ 열심히 일하며 내 능력을 발휘하는 시기였다

☐ 잠시 쉬어 가는 시기였다

☐ 앞으로 남은 인생의 방향을 정하는 시기였다

☐ 결정적인 선택을 고민한 시기였다

☐ 예상치 못한 굴곡이 많은 시기였다

☐ 열심히 일하며 경력을 차곡차곡 쌓는 시기였다

☐ 여유를 가지고 새로운 경험에 도전하는 시기였다

☐ 지나온 인생을 회고하고 정리해 보는 시기였다

☐ 이별과 만남의 시기였다

'칭찬은 고래도 춤추게 한다'는 말이 있지요.
오늘은 스스로를 아낌없이 칭찬해 보세요.

'칭찬은 고래도 춤추게 한다'는 말이 있지요.
오늘은 스스로를 아낌없이 칭찬해 보세요.

이번에는 서로에게 칭찬의 말을 건네 볼까요?
딸에게 하고 싶은 칭찬의 한 마디를 적어 보세요.

딸의 한마디를 적어 보세요.

TODAY'S MOOD

이번에는 서로에게 칭찬의 말을 건네 볼까요?
엄마에게 하고 싶은 칭찬의 한 마디를 적어 보세요.

엄마의 한마디를 적어 보세요.

CHAPTER 2

취향

" 서로의 취향에 대해 얼마나 알고 있나요? "

취향 # 좋아요 # 싫어요 # 취향존중

DATE   .   .   .

WEATHER   ☀ ☁ ☂ ☔

CONDITION

TODAY'S MOOD

Mom's favorite is ⋯
엄마가 좋아하는 것들은 무엇인가요?

좋아하는 색깔 :

좋아하는 향기 :

좋아하는 동물 :

좋아하는 장소 :

좋아하는 시간 :
     □ 해 뜨기 전 하늘이 조금씩 맑아올 때 □ 여유롭고 산뜻한 오전
     □ 햇살이 따뜻한 오후 □ 퇴근 30분 전 □ 긴장이 풀리는 저녁
     □ 잠들기 직전 포근한 이불 속

좋아하는 계절 :
     □ 설레는 봄 □ 짙푸른 여름 □ 그윽한 가을 □ 포근한 겨울

TODAY'S MOOD

Daughter's favorite is …
딸이 좋아하는 것들은 무엇인가요?

좋아하는 색깔 :

좋아하는 향기 :

좋아하는 동물 :

좋아하는 장소 :

좋아하는 시간 :

    □ 해 뜨기 전 하늘이 조금씩 맑아올 때 □ 여유롭고 산뜻한 오전

    □ 햇살이 따뜻한 오후 □ 퇴근 30분 전 □ 긴장이 풀리는 저녁

    □ 잠들기 직전 포근한 이불 속

좋아하는 계절 :

    □ 설레는 봄 □ 짙푸른 여름 □ 그윽한 가을 □ 포근한 겨울

계절마다 각기 다른 냄새가 있다고 해요.
당신이 생각하는 계절의 냄새는 무엇인가요? 그림으로 표현
해 보세요.

봄 :

여름 :

가을 :

겨울 :

TODAY'S MOOD

계절마다 각기 다른 냄새가 있다고 해요.
당신이 생각하는 계절의 냄새는 무엇인가요? 그림으로 표현
해 보세요.

봄 :

여름 :

가을 :

겨울 :

계절마다 특유의 소리가 있습니다.
눈 쌓이는 소리나 매미 우는 소리처럼요. 당신이 좋아하는 계절의 소리는 무엇인가요?

봄 :

여름 :

가을 :

겨울 :

계절마다 특유의 소리가 있습니다.
눈 쌓이는 소리나 매미 우는 소리처럼요. 당신이 좋아하는 계절의 소리는 무엇인가요?

봄 :

여름 :

가을 :

겨울 :

계절마다 생각나는 여행지가 하나쯤 있지요?
각 계절에 가기 좋은 장소나 지역을 그림으로 그려 보세요.

봄 :

여름 :

가을 :

겨울 :

계절마다 생각나는 여행지가 하나쯤 있지요?
각 계절에 가기 좋은 장소나 지역을 그림으로 그려 보세요.

봄 :

여름 :

가을 :

겨울 :

감명 깊게 본 영화를 떠올려 보세요.
딸에게 어떤 영화를 추천해 주고 싶나요?

아래 티켓 그림 안에 감명 깊게 본 영화 제목과 별점, 감상평을 적어 보세요.

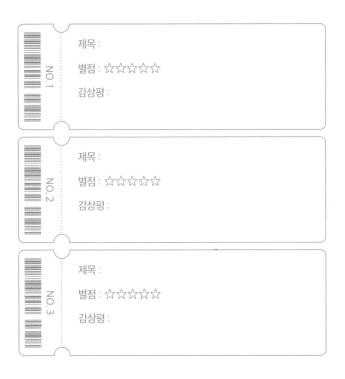

NO.1

제목 :

별점 : ☆☆☆☆☆

감상평 :

NO.2

제목 :

별점 : ☆☆☆☆☆

감상평 :

NO.3

제목 :

별점 : ☆☆☆☆☆

감상평 :

TODAY'S MOOD

감명 깊게 본 영화를 떠올려 보세요.
엄마에게 어떤 영화를 추천해 주고 싶나요?

아래 티켓 그림 안에 감명 깊게 본 영화 제목과 별점, 감상평을 적어 보세요.

NO.1

제목 :

별점 : ☆☆☆☆☆

감상평 :

NO.2

제목 :

별점 : ☆☆☆☆☆

감상평 :

NO.3

제목 :

별점 : ☆☆☆☆☆

감상평 :

감명 깊게 읽은 책이 있나요?
딸에게 어떤 책을 추천해 주고 싶나요?

아래 책 그림 안에 감명 깊게 읽은 책 제목과 작가 이름을 적어 보세요.

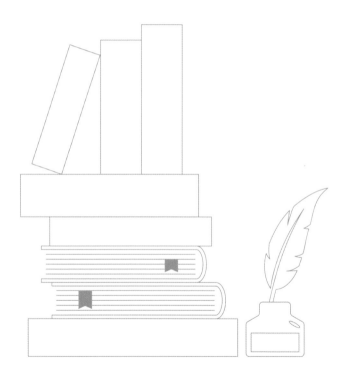

DATE   .   .   .

WEATHER

CONDITION

감명 깊게 읽은 책이 있나요?
엄마에게 어떤 책을 추천해 주고 싶나요?

아래 책 그림 안에 감명 깊게 읽은 책 제목과 작가 이름을 적어 보세요.

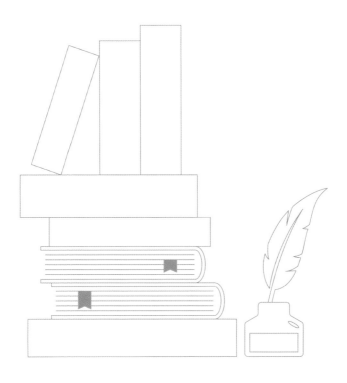

DATE   .   .   .

WEATHER

CONDITION

TODAY'S MOOD

즐겨 듣는 노래나 애창곡이 있나요?
아래 칸에 제목과 가수명을 적어서 나만의 플레이리스트를 만
들어 보세요.

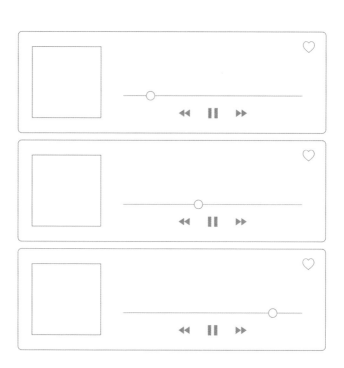

DATE

WEATHER

CONDITION

즐겨 듣는 노래나 애창곡이 있나요?
아래 칸에 제목과 가수명을 적어서 나만의 플레이리스트를 만
들어 보세요.

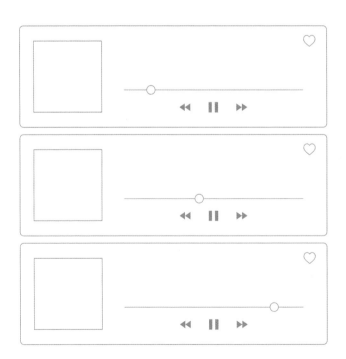

DATE   .   .   .

WEATHER

CONDITION

좋아하는 꽃이 있나요? 어떤 꽃인지 그려 보세요.
그리고 다음번에 일기를 교환하는 날, 딸에게 이 꽃을 선물해
보세요.

TODAY'S MOOD

좋아하는 꽃이 있나요? 어떤 꽃인지 그려 보세요.
그리고 다음번에 일기를 교환하는 날, 엄마에게 이 꽃을 선물
해 보세요.

HAPPY PARENTS' DAY

TODAY'S MOOD

우리 딸이 어떤 옷을 입었을 때가 가장 예쁜가요?
딸에게 잘 어울리는 옷 스타일에 동그라미를 쳐 보세요.

| 민소매 | 블라우스 | 가디건 | 후드집업 | 재킷 |

| 짧은 치마 | 긴 치마 | 반바지 | 청바지 | 원피스 |

| 비키니 | 모자 | 단화 | 운동화 | 하이힐 |

우리 엄마가 어떤 옷을 입었을 때가 가장 예쁜가요?
엄마에게 잘 어울리는 옷 스타일에 동그라미를 쳐 보세요.

민소매　　　블라우스　　　가디건　　　후드집업　　　재킷

짧은 치마　　긴 치마　　　반바지　　　청바지　　　원피스

비키니　　　모자　　　　　단화　　　　운동화　　　하이힐

TODAY'S MOOD

평소 즐기는 스포츠가 있나요?
그 스포츠의 매력, 그리고 장단점은 무엇인가요?

종목명	걷기	헬스	요가	맨손 체조	자전거
	농구	축구	야구	테니스	탁구
	볼링	복싱	수영	스케이트	등산
장점					
단점					

DATE   .   .   .

WEATHER

CONDITION

TODAY'S MOOD

평소 즐기는 스포츠가 있나요?
그 스포츠의 매력, 그리고 장단점은 무엇인가요?

종목명	걷기	헬스	요가	맨손 체조	자전거
	농구	축구	야구	테니스	탁구
	볼링	복싱	수영	스케이트	등산
장점					
단점					

엄마의 음식 취향이 궁금해요.
취향에 맞는 쪽에 동그라미를 표시해 보세요.

콜라	사이다
돼지고기	소고기
고기만두	김치만두
탕수육 부먹	탕수육 찍먹
치킨 닭다리	치킨 퍽퍽살
물냉면	비빔냉면
짜장	짬뽕
호박 고구마	밤고구마
붕어빵 머리	붕어빵 꼬리
물렁한 복숭아	딱딱한 복숭아
삶은 달걀 완숙	삶은 달걀 반숙

VS

딸의 음식 취향이 궁금해요.
취향에 맞는 쪽에 동그라미를 표시해 보세요.

콜라		사이다
돼지고기		소고기
고기만두		김치만두
탕수육 부먹		탕수육 찍먹
치킨 닭다리		치킨 퍽퍽살
물냉면	VS	비빔냉면
짜장		짬뽕
호박 고구마		밤고구마
붕어빵 머리		붕어빵 꼬리
물렁한 복숭아		딱딱한 복숭아
삶은 달걀 완숙		삶은 달걀 반숙

누구나 취향에 안 맞는 음식이 있게 마련이지요.
싫어하거나 못 먹는 음식이 있으면 순서대로 적어 보세요.

① :

② :

③ :

④ :

⑤ :

누구나 취향에 안 맞는 음식이 있게 마련이지요.
싫어하거나 못 먹는 음식이 있으면 순서대로 적어 보세요

① :

② :

③ :

④ :

⑤ :

'소울푸드'란 영혼의 안식을 얻을 수 있는 음식,
또는 자신만의 추억을 간직한 음식을 말할 때 사용합니다.
당신의 소울푸드는 무엇인가요?

'소울푸드'란 영혼의 안식을 얻을 수 있는 음식,
또는 자신만의 추억을 간직한 음식을 말할 때 사용합니다.
당신의 소울푸드는 무엇인가요?

나만의 사소한 특기를 세 개만 적어 보세요.
지도 없이도 길을 잘 찾는다든지, 달걀 프라이를 잘 만든다든
지 하는 것들이요. 사소하면 사소할수록 좋아요!

① :

② :

③ :

나만의 사소한 특기를 세 개만 적어 보세요.
지도 없이도 길을 잘 찾는다든지, 달걀 프라이를 잘 만든다든
지 하는 것들이요. 사소하면 사소할수록 좋아요!

① :

② :

③ :

TODAY'S MOOD

지금 가장 가까이에 있는 책을 아무거나 골라 집어 보세요.
그리고 아무 페이지나 펴서 마음에 드는 문장을 적어 보세요.

지금 가장 가까이에 있는 책을 아무거나 골라 집어 보세요.
그리고 아무 페이지나 펴서 마음에 드는 문장을 적어 보세요.

무인도에 가게 된다고 상상해 보세요.
딱 세 가지의 물건만 가져갈 수 있습니다. 당신은 어떤 물건을
챙길 건가요?

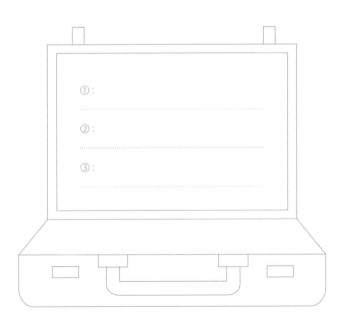

① :

② :

③ :

무인도에 가게 된다고 상상해 보세요.
딱 세 가지의 물건만 가져갈 수 있습니다. 당신은 어떤 물건을
챙길 건가요?

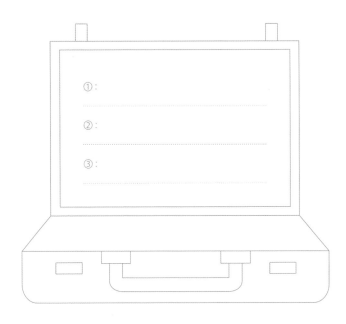

① :

② :

③ :

보통 혼자 있는 시간을 즐기나요,
아니면 사람들과 함께 어울리는 시간을 더 좋아하나요?
그 이유도 적어 보세요.

보통 혼자 있는 시간을 즐기나요,
아니면 사람들과 함께 어울리는 시간을 더 좋아하나요?
그 이유도 적어 보세요.

나이가 들어가고 있음을 어떨 때 느끼나요?
나이가 들면서 확연하게 달라진 점이 있다면 적어 보세요.

① 입맛	② 체력	③ 외모

④ 습관	⑤ 생활 패턴	⑥ 음악 취향

DATE   .   .   .

WEATHER   ☀ ☁ ☂ ☔

CONDITION

TODAY'S MOOD

나이가 들어가고 있음을 어떨 때 느끼나요?
나이가 들면서 확연하게 달라진 점이 있다면 적어 보세요.

① 입맛	② 체력	③ 외모

④ 습관	⑤ 생활 패턴	⑥ 음악 취향

DATE   . .   .

WEATHER   ☼ ☁ ☂ ☃

CONDITION

TODAY'S MOOD

신이 존재한다고 믿나요?
당신이 생각하는 신의 존재에 대해 적어 보세요.

TODAY'S MOOD

신이 존재한다고 믿나요?
당신이 생각하는 신의 존재에 대해 적어 보세요.

CHAPTER 3
추억

"엄마와 딸의 추억 여행을 한번 떠나 볼까요?"

추억 # 기억해 # 함께해 # 가족

엄마도 엄마가 보고 싶을 때가 있지요.
엄마가 가장 생각나는 순간은 언제인가요?

엄마랑 마지막으로 함께 밥 먹은 적이 언제인가요?
엄마가 가장 보고 싶은 순간은 언제인지 적어 보세요.

사람이 생각해 낼 수 있는 최초의 기억이 만 3세라고 해요.
당신이 떠올릴 수 있는 가장 오래된 기억은 무엇인가요?

DATE　　　　　　　　.　　.　　.

WEATHER　　　　　　

CONDITION

TODAY`S MOOD

사람이 생각해 낼 수 있는 최초의 기억이 만 3세라고 해요.
당신이 떠올릴 수 있는 가장 오래된 기억은 무엇인가요?

DATE   .   .   .

WEATHER   ☀ ☁ ☂ ☂

CONDITION

나는 학창 시절에 공부를 잘하는 학생이었나요?
가장 좋아했던 과목과 싫어했던 과목을 체크해 보고 그 이유
도 적어 보세요.

과목 :

☐ 국어 ☐ 수학 ☐ 영어 ☐ 한문 ☐ 사회 ☐ 역사 ☐ 과학

☐ 도덕 ☐ 체육 ☐ 음악 ☐ 미술 ☐ 기술가정 ☐ 제2외국어

☐ 기타 _____

가장 좋아한 이유 :

가장 싫어한 이유 :

나는 학창 시절에 공부를 잘하는 학생이었나요?
가장 좋아했던 과목과 싫어했던 과목을 체크해 보고 그 이유
도 적어 보세요.

과목 :

☐ 국어 ☐ 수학 ☐ 영어 ☐ 한문 ☐ 사회 ☐ 역사 ☐ 과학

☐ 도덕 ☐ 체육 ☐ 음악 ☐ 미술 ☐ 기술가정 ☐ 제2외국어

☐ 기타 _____

가장 좋아한 이유 :

가장 싫어한 이유 :

질풍노도의 사춘기 시절이 기억나나요?
부모님께 반항했던 어느 날의 기억에 대해 적어 보세요

TODAY'S MOOD

질풍노도의 사춘기 시절이 기억나나요?
부모님께 반항했던 어느 날의 기억에 대해 적어 보세요.

가장 친한 친구는 누구인가요?
만나게 된 계기와 지금까지 우정을 이어올 수 있었던 비결에
대해 적어 보세요.

친구 이름 :

만나게 된 계기 :

우정의 비결 :

TODAY'S MOOD

가장 친한 친구는 누구인가요?
만나게 된 계기와 지금까지 우정을 이어올 수 있었던 비결에
대해 적어 보세요.

친구 이름 :

만나게 된 계기 :

우정의 비결 :

갓 스무 살이 되었을 때가 생각나나요?
자유를 눈 앞에 둔 심정이 어땠는지 적어 보세요.

갓 스무 살이 되었을 때가 생각나나요?
자유를 눈 앞에 둔 심정이 어땠는지 적어 보세요.

아직 스무 살이 되지 않았다면, 스무 살이 된 내 모습을 상상해서 적어 보세요.

현재의 직업을 선택한 순간을 떠올려 보세요.
직업 선택에 영향을 준 요인은 무엇인가요?

현재의 직업을 선택한 순간을 떠올려 보세요.
직업 선택에 영향을 준 요인은 무엇인가요?

과거로 시간 여행을 할 수 있다면
돌아가고 싶은 특정한 순간이 있나요?
그 경험으로 내 삶이 어떻게 바뀌길 바라나요?

DATE   .   .   .

WEATHER

CONDITION

TODAY'S MOOD

과거로 시간 여행을 할 수 있다면
돌아가고 싶은 특정한 순간이 있나요?
그 경험으로 내 삶이 어떻게 바뀌길 바라나요?

누구에게나 아련한 첫사랑의 기억이 있지요?
엄마의 첫사랑은 누구였고, 그 사람의 어떤 점이 좋았는지 얘
기해 보세요.

누구에게나 아련한 첫사랑의 기억이 있지요?
딸의 첫사랑은 누구였고, 그 사람의 어떤 점이 좋았는지 얘기
해 보세요.

엄마의 이상형이 궁금해요.
이상형에 맞는 쪽에 동그라미를 표시해 보세요.

체격이 크고 남자다운 사람	슬림하고 지적인 사람
정장이 어울리는 사람	운동복이 어울리는 사람
목소리가 좋은 사람	얼굴이 잘생긴 사람
수다스러운 사람	과묵한 사람
감수성이 풍부한 사람	논리적이고 이성적인 사람
계획적인 사람	즉흥적인 사람
안정을 추구하는 사람	모험과 도전을 즐기는 사람
순수하고 천진난만한 사람	어른스러운 사람
정적인 취미를 가진 사람	활동적인 취미를 즐기는 사람
나를 좋아하는 사람	내가 좋아하는 사람
나는 운명적인 만남을 믿는다	사랑은 쟁취하는 것이다

VS

딸의 이상형이 궁금해요.
이상형에 맞는 쪽에 동그라미를 표시해 보세요.

체격이 크고 남자다운 사람	슬림하고 지적인 사람
정장이 어울리는 사람	운동복이 어울리는 사람
목소리가 좋은 사람	얼굴이 잘생긴 사람
수다스러운 사람	과묵한 사람
감수성이 풍부한 사람	논리적이고 이성적인 사람
계획적인 사람	즉흥적인 사람
안정을 추구하는 사람	모험과 도전을 즐기는 사람
순수하고 천진난만한 사람	어른스러운 사람
정적인 취미를 가진 사람	활동적인 취미를 즐기는 사람
나를 좋아하는 사람	내가 좋아하는 사람
나는 운명적인 만남을 믿는다	사랑은 쟁취하는 것이다

VS

TODAY`S MOOD

우리 딸이 좋은 사람 만나길 바라는 것이 엄마의 마음이지요.
딸이 만났으면 하는 이상적인 배우자상에 대해 적어 보세요.
딸이 이미 결혼했을 경우, 사위 자랑을 해 주세요.

우리 아빠의 장단점을 적어 보세요.
아빠에 대해 말하기 어려울 경우, 평소 생각하던 이상적인 아
빠상에 대해 적어 보세요.

TODAY'S MOOD

인생의 큰 전환점이 되었다고 생각하는 사건이 있나요?
그 사건으로 인해 나의 삶이 어떤 식으로 변하게 되었는지도
적어 보세요.

인생의 큰 전환점이 되었다고 생각하는 사건이 있나요?
그 사건으로 인해 나의 삶이 어떤 식으로 변하게 되었는지도
적어 보세요.

내가 생각하는 '진짜 어른'은 어떤 사람인가요?
그리고 내가 '진짜 어른'이 되었다고 느꼈던 순간이 있다면 적
어 보세요.

내가 생각하는 '진짜 어른'은 어떤 사람인가요?
그리고 내가 '진짜 어른'이 되었다고 느꼈던 순간이 있다면 적
어 보세요.

갓 태어났을 때 딸의 생김새를 묘사해 보세요.
처음 아기를 안아 보았을 때의 심정은 어땠나요?

☺ ☺ ⋯   딸의 한마디를 적어 보세요.

어릴 때 엄마는 어떤 사람으로 보였나요?
엄마와 관련된 가장 최초의 기억에 대해 적어 보세요.

엄마의 한마디를 적어 보세요.

딸이 처음 '엄마'라고 불렀던 순간이 기억나나요?
처음 걸음마를 하던 순간은요?
그때의 소감을 적어 보세요.

'엄마'라는 단어는 떠올리면 늘 포근하고,
가끔은 불러만 보아도 눈물이 차오르는 단어이지요.
'엄마'를 주제로 짧은 시를 지어 보세요.

딸에게 받았던 선물 중에 특별히 기억에 남는 게 있나요?
그 이유는 무엇인가요?

엄마에게 받았던 선물 중에 특별히 기억에 남는 게 있나요?
그 이유는 무엇인가요?

'모전여전'이라는 말이 있지요.
딸의 어떤 부분이 나와 똑 닮았다고 생각하나요?

DATE   .   .   .

WEATHER   ☼ ☁ ☂ ☔

CONDITION

TODAY'S MOOD

'모전여전'이라는 말이 있지요.
나는 엄마의 어떤 부분을 많이 닮았나요?

TODAY'S MOOD

우리 딸의 어떤 부분이 엄마를 닮았나요?
딸의 얼굴을 그려 보세요. 단, 왼손으로만 그려야 합니다.
왼손잡이라면 오른손으로 그려 보세요.

DATE   .   .   .

WEATHER   ☀ ☁ ☂ ☔

CONDITION

TODAY'S MOOD

내 얼굴의 어떤 부분이 엄마를 닮았나요?
엄마의 얼굴을 그려 보세요. 단, 왼손으로만 그려야 합니다.
왼손잡이라면 오른손으로 그려 보세요.

지금 딸의 나이로 돌아간다면 무엇을 하고 싶나요?
그 이유는 무엇인가요?

지금의 엄마 나이가 되었을 때,
나는 어떤 위치에서 무엇을 하며 살아가고 있을까요?

TODAY'S MOOD

딸의 이름은 어떤 뜻을 갖고 있나요?
딸의 이름으로 삼행시를 지어 봅시다.

엄마의 이름은 어떤 뜻을 갖고 있나요?
엄마의 이름으로 삼행시를 지어 봅시다.

이유를 알 수 없는 공허함이나 우울함을 느껴본 적이 있나요?
그때의 상황을 적어 보세요.

이유를 알 수 없는 공허함이나 우울함을 느껴본 적이 있나요?
그때의 상황을 적어 보세요.

DATE . . .

WEATHER

CONDITION

후회하는 사건이나 실패에 대해 허심탄회하게 털어놔 보세요.
거기서 어떤 삶의 교훈을 배웠는지도 적으면 더욱 좋습니다.

💬 인생을 두 번 사는 사람처럼 실수 없는 완벽한 삶을 산다면 너무나
좋겠지요. 그러나 모든 사람에게 주어진 인생은 오직 한번 뿐이고
그렇기에 실패는 불가피한 삶의 요소입니다.

후회하는 사건이나 실패에 대해 허심탄회하게 털어놔 보세요.
거기서 어떤 삶의 교훈을 배웠는지도 적으면 더욱 좋습니다.

💬 인생을 두 번 사는 사람처럼 실수 없는 완벽한 삶을 산다면 너무나
좋겠지요. 그러나 모든 사람에게 주어진 인생은 오직 한번 뿐이고
그렇기에 실패는 불가피한 삶의 요소입니다.

엄마가 생각하는 '사랑'이란 무엇인가요?
그리고 어떨 때 내가 사랑받고 있다고 느끼나요?

> 💬 대한아동간호학회에서 초등학교 고학년 학생들을 대상으로 설문 조
> 사를 시행했는데요, 48.6%의 아이들이 가족의 돌봄을 받을 때 자신이
> 사랑받고 있음을 느낀다고 답변했습니다.

TODAY'S MOOD

딸이 생각하는 '사랑'이란 무엇인가요?
그리고 어떨 때 내가 사랑받고 있다고 느끼나요?

> 대한아동간호학회에서 초등학교 고학년 학생들을 대상으로 설문 조
> 사를 시행했는데요, 48.6%의 아이들이 가족의 돌봄을 받을 때 자신이
> 사랑받고 있음을 느낀다고 답변했습니다.

DATE   .   .   .

WEATHER

CONDITION

가족에게 위로받은 날의 이야기를 적어 보세요.
그날은 무슨 날이었고, 어떤 위로를 받았나요?

DATE   .   .   .

WEATHER

CONDITION

가족에게 위로받은 날의 이야기를 적어 보세요.
그날은 무슨 날이었고, 어떤 위로를 받았나요?

나의 기억 중 단 하나만을 간직할 수 있다면,
남기고 싶은 기억과 그 이유에 대해 적어 보세요.

나의 기억 중 단 하나만을 간직할 수 있다면,
남기고 싶은 기억과 그 이유에 대해 적어 보세요.

_____ 의 엄마로 살아온 인생은 어땠나요?
다음에 태어나도 우리 딸의 엄마로 태어날 건가요?

TODAY'S MOOD

_____ 의 딸로 살아온 인생은 어땠나요?
다음에 태어나도 우리 엄마 딸로 태어날 건가요?

CHAPTER 4

인생

" 서로에게 들려 주고 싶은 삶의 교훈은 무엇인가요? "

인생 # 가치관 # 삶의지혜 # 멋진여성

TODAY'S MOOD

책의 초반부에 그려 보았던 인생 그래프를 참고하여,
나의 자서전을 쓴다면 첫 문장을 어떻게 시작하고 싶은지 적
어 보세요.

책의 초반부에 그려 보았던 인생 그래프를 참고하여,
나의 자서전을 쓴다면 첫 문장을 어떻게 시작하고 싶은지 적
어 보세요.

TODAY'S MOOD

남은 올 한 해 동안 성취하고 싶은 것이 있나요?
꼭 이루고 싶은 목표를 세 가지만 적어 보세요.

①:

②:

③:

남은 올 한 해 동안 성취하고 싶은 것이 있나요?
꼭 이루고 싶은 목표를 세 가지만 적어 보세요

① :

② :

③ :

TODAY'S MOOD

갑작스럽게 1주일간 휴가를 받게 되어 해외여행을 가게 된다면, 사랑하는 가족과 함께 어디로 여행을 가고 싶으신가요?

가족 여행지로 어디가 좋을지 함께 상의해 보고 지도에 표시해 보세요.

TODAY'S MOOD

갑작스럽게 1주일간 휴가를 받게 되어 해외여행을 가게 된다면,
사랑하는 가족과 함께 어디로 여행을 가고 싶으신가요?
가족 여행지로 어디가 좋을지 함께 상의해 보고 지도에 표시해 보세요.

훌륭한 노년은 젊을 때 시작된다고 키케로는 말했습니다.
앞으로 어떻게 나이 들고 싶은지 엄마의 생각을 들려 주세요.

훌륭한 노년은 젊을 때 시작된다고 키케로는 말했습니다.
앞으로 어떻게 나이 들고 싶은지 딸의 생각을 들려 주세요.

우리 딸을 동갑내기 친구로 만난다고 상상해 보세요.
어떤 이야기를 나누고 싶나요?

딸의 한마디를 적어 보세요.

DATE   .   .   .

WEATHER

CONDITION

TODAY'S MOOD

우리 엄마를 동갑내기 친구로 만난다고 상상해 보세요.
어떤 이야기를 나누고 싶나요?

엄마의 한마디를 적어 보세요.

TODAY'S MOOD

카톡! 방금 딸에게서 카톡이 왔어요.
어떤 메시지가 오면 가장 반갑고 기쁠 것 같나요?
그 메시지에 대한 답변도 상상해서 적어 보세요.

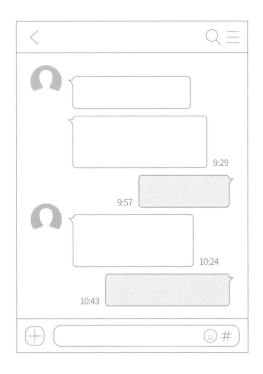

TODAY'S MOOD

카톡! 방금 엄마에게서 카톡이 왔어요.
어떤 메시지가 오면 가장 반갑고 기쁠 것 같나요?
그 메시지에 대한 답변도 상상해서 적어 보세요.

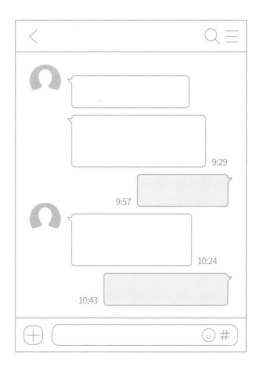

1년간의 휴가와 1억 원의 돈이 주어진다고 상상해 봅시다.
시간과 돈을 구체적으로 어떻게 쓰고 싶은지 적어 보세요.

1년간의 휴가와 1억 원의 돈이 주어진다고 상상해 봅시다.
시간과 돈을 구체적으로 어떻게 쓰고 싶은지 적어 보세요.

TODAY'S MOOD

행복의 기준은 사람마다 천차만별이지요.
당신이 생각하는 행복의 조건은 무엇인가요?

DATE   .   .   .

WEATHER

CONDITION

TODAY'S MOOD

행복의 기준은 사람마다 천차만별이지요.
당신이 생각하는 행복의 조건은 무엇인가요?

TODAY'S MOOD

둘 중에 하나를 반드시 선택해야만 합니다.
당신은 어떤 걸 고를 건가요?

집에서 서서 자기	공원 벤치에서 누워서 자기
눈 오는 날	비 오는 날
추운데 에어컨 켜기	더운데 히터 틀기
날씨를 조종하는 능력	사람의 마음을 읽는 능력
월 500만 원 버는 직장인	월 100만 원 입금되는 백수
미래로 가기	과거로 가기
무인도에서 다 같이 살기	도시에서 나 혼자 살기
진정한 우정	진정한 사랑
평생 노인으로 살기	평생 어린이로 살기
다시 태어나도 여자	다시 태어나면 남자
한 분야에 특출한 재능 갖기	여러 분야를 두루두루 잘하기

VS

TODAY'S MOOD

둘 중에 하나를 반드시 선택해야만 합니다.
당신은 어떤 걸 고를 건가요?

집에서 서서 자기	공원 벤치에서 누워서 자기
눈 오는 날	비 오는 날
추운데 에어컨 켜기	더운데 히터 틀기
날씨를 조종하는 능력	사람의 마음을 읽는 능력
월 500만 원 버는 직장인	월 100만 원 입금되는 백수
미래로 가기	과거로 가기
무인도에서 다 같이 살기	도시에서 나 혼자 살기
진정한 우정	진정한 사랑
평생 노인으로 살기	평생 어린이로 살기
다시 태어나도 여자	다시 태어나면 남자
한 분야에 특출한 재능 갖기	여러 분야를 두루두루 잘하기

VS

평범한 일상이 평소엔 당연하게만 느껴져 감사를 잊곤 해요.
오늘은 감사하는 일들을 떠올려 보고 하나씩 적어 보세요.

① :

② :

③ :

DATE . . .

WEATHER ☀ ☁ ☂ ☔

CONDITION

TODAY'S MOOD

평범한 일상이 평소엔 당연하게만 느껴져 감사를 잊곤 해요.
오늘은 감사하는 일들을 떠올려 보고 하나씩 적어 보세요.

①:

②:

③:

인생을 살아가는 데 핵심이 되는 가치를 아래 항목에서
5개만 골라서 우선순위대로 나열해 보세요.

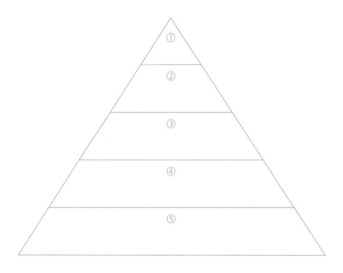

> 💬 가족, 건강, 명예, 사랑, 돈, 성취, 안정감, 자존감, 여가 활동, 도전,
> 우정, 신앙, 지식, 평등, 하고 싶은 일, 개성, 경험, 정신적 성장, 자
> 기 관리, 신뢰, 소속감, 긍정적인 마음, 논리, 유머

인생을 살아가는 데 핵심이 되는 가치를 아래 항목에서
5개만 골라서 우선순위대로 나열해 보세요.

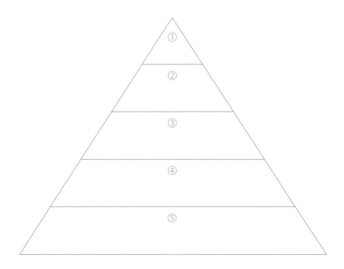

> 💬 가족, 건강, 명예, 사랑, 돈, 성취, 안정감, 자존감, 여가 활동, 도전,
> 우정, 신앙, 지식, 평등, 하고 싶은 일, 개성, 경험, 정신적 성장, 자
> 기 관리, 신뢰, 소속감, 긍정적인 마음, 논리, 유머

현실의 벽에 부딪혀 이루지 못한 꿈이 있나요?
그 꿈에 대해 얘기해 보세요.

현실의 벽에 부딪혀 이루지 못한 꿈이 있나요?
그 꿈에 대해 얘기해 보세요.

여자로 태어나 분명 좋은 점도 있지만,
불편한 점도 많지요. 어떤 점에서 불편하다고 느꼈나요?

① :

② :

③ :

TODAY'S MOOD

여자로 태어나 분명 좋은 점도 있지만,
불편한 점도 많지요. 어떤 점에서 불편하다고 느꼈나요?

① :

② :

③ :

반대로 여자이기에 좋은 점에는 어떤 것들이 있나요?
다시 태어나도 여자로 태어날 건가요?

① :

② :

③ :

반대로 여자이기에 좋은 점에는 어떤 것들이 있나요?
다시 태어나도 여자로 태어날 건가요?

①:

②:

③:

TODAY'S MOOD

결혼은 과연 꼭 해야만 하는 걸까요?
결혼에 대한 당신의 생각을 적어 보세요.

WEATHER

CONDITION

결혼은 과연 꼭 해야만 하는 걸까요?
결혼에 대한 당신의 생각을 적어 보세요.

여기까지 일기를 꾸준히 써 온 당신이 바로 멋진 엄마입니다.
엄마가 생각하는 '멋진 여성'이란 어떤 사람인가요?

DATE   .   .   .

WEATHER   ☀ ☁ ☂ ☔

CONDITION

TODAY'S MOOD

여기까지 일기를 꾸준히 써 온 당신이 바로 멋진 딸입니다.
딸이 생각하는 '멋진 여성'이란 어떤 사람인가요?

DATE　　　　　　.　　　.　　　.

WEATHER　　　　　

CONDITION

평범한 일상을 위협받는 요즘, 가족의 의미가 더욱 강조됩니다.
힘들 때 내 곁에 있는 사람이 바로 가족이기 때문이겠죠. 당신
에게 가족은 어떤 의미인가요?

평범한 일상을 위협받는 요즘, 가족의 의미가 더욱 강조됩니다.
힘들 때 내 곁에 있는 사람이 바로 가족이기 때문이겠죠. 당신
에게 가족은 어떤 의미인가요?

독심술사가 아닌 이상 말하지 않으면 알 수가 없지요.
오늘은 딸에게 고마운 마음을 표현해 보세요.

독심술사가 아닌 이상 말하지 않으면 알 수가 없지요.
오늘은 엄마에게 고마운 마음을 표현해 보세요.

지금 당장 램프의 요정이 나타나 소원 세 가지를 들어 준다고
한다면 어떤 소원을 말할 건가요?

지금 당장 램프의 요정이 나타나 소원 세 가지를 들어 준다고
한다면 어떤 소원을 말할 건가요?

_____ 년의 인생을 살면서 깨닫게 된 인생의 지혜가 있나요?
딸에게 어떤 지혜를 전해 주고 싶나요?

_____ 년의 인생을 살면서 깨닫게 된 인생의 지혜가 있나요?
엄마에게 어떤 지혜를 전해 주고 싶나요?

TODAY'S MOOD

5년 후 나는 어떤 삶을 살고 있을지 상상해서 적어 보세요.
바라는 대로 이루어질 거예요.

5년 후의 나는 …

_____ 에서

_____ 와 함께

_____ 를 하며

_____ 를 하고 있을 것이다.

5년 후 나는 어떤 삶을 살고 있을지 상상해서 적어 보세요.
바라는 대로 이루어질 거예요.

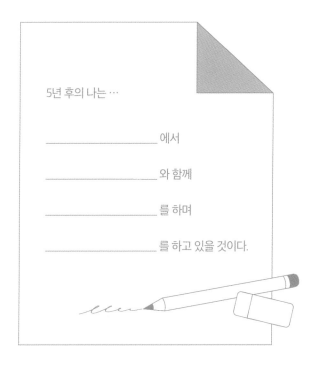

5년 후의 나는 …

_____ 에서

_____ 와 함께

_____ 를 하며

_____ 를 하고 있을 것이다.

다른 이들에게 어떤 사람으로 기억되고 싶나요?
나의 묘비명을 적어 보세요.

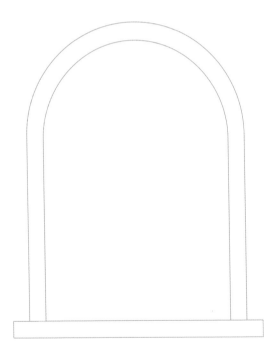

다른 이들에게 어떤 사람으로 기억되고 싶나요?
나의 묘비명을 적어 보세요.

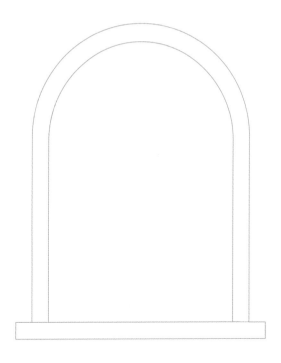

DATE　　　　　.　　　.　　　.

WEATHER　　　　　☀ ☁ ☂ ☔

CONDITION

이번 생에 우리는 엄마와 딸로 만났습니다.
다음 생에서 다른 관계로 만날 수 있다면 어떤 사이로 만나고
싶나요?

DATE　　　　　.　　.　　.

WEATHER　　　　　☀ ☁ ☔ ☂

CONDITION

TODAY'S MOOD

이번 생에 우리는 엄마와 딸로 만났습니다.
다음 생에서 다른 관계로 만날 수 있다면 어떤 사이로 만나고
싶나요?

딸에게 궁금해요!
책에 수록되지 않았지만 딸에게 그동안 궁금했던 것이 있다면
질문해 보세요.

① :

② :

③ :

TODAY'S MOOD

엄마에게 궁금해요!
책에 수록되지 않았지만 엄마에게 그동안 궁금했던 것이 있다
면 질문해 보세요.

① :

② :

③ :

EPILOGUE

에필로그

" 수고하셨습니다! "

\# 끝맺음 \# 잘했어 \# 수고했어 \# 대단해

교환일기를 마치며

100가지 질문이라는 긴 여정을 성실히 완주하신 여러분, 수고하셨습니다!

여러분은 교환일기를 통해 그동안 소홀했던 서로의 안부를 묻고 의외로 잘 몰랐던 서로의 취향에 대해서도 알게 되었을 거예요. 뿐만 아니라 지나간 어린 시절의 추억을 함께 회상해 보고 평소에 얘기하기엔 어려운 심도 있는 주제에 대해 서로의 생각도 공유했을 거고요.

여러분은 〈엄마와 딸의 교환일기〉라는 하나의 책을 함께 완성한 셈입니다. 이것은 인생에 두 번은 하지 못할, 아주 특별한 경험이죠. 아마 한 번조차 하지 못한 사람이 더 많을 거예요.

특별하고 흔치 않은 경험을 쌓은 여러분에게 축하의 박수를 보냅니다. 이 교환일기를 마치고 난 뒤 엄마와 딸의 관계가 조금 더 가까워지고, 서로를 대하는 마음의 온도가 한층 더 따뜻해졌길 바랍니다.

서로의 답변으로 가득 채워진 교환일기는 마치 먼지 쌓인 졸업 앨범처럼, 이따금 꺼내어 읽어 보면 웃기기도 하고 코 끝이 찡해지기도 하는 소중한 추억이 될 거예요. 교환일기는 끝났지만 엄마와 딸 사이에 끝나지 않는 질문과 답변이 계속해서 쌓이길 바랍니다.

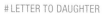

사랑하는 딸에게 편지를 써 보세요.

_____ 에게

LETTER TO MOM

사랑하는 엄마에게 편지를 써 보세요.

_____ 에게

50

교환일기를 끝맺은 날

_____ 년

_____ 월

_____ 일

JUST BETWEEN US :
MOMS & DAUGHTERS

엄마와 딸의 교환일기

초판 1쇄 발행 | 2022년 5월 2일
초판 2쇄 발행 | 2023년 4월 13일

편집장 강제능 | **담당편집** 장주희 | **디자인** 박채원, 이승은
마케팅 안수현 | **펴낸이** 이민섭 | **펴낸곳** 텍스트칼로리
발행처 뭉클스토리 | **출판등록** 2017년 4월 14일 제 2017-000022호
주소 서울특별시 마포구 양화로 124 203호 | **전화** 02-2039-6530
이메일 mooncle@moonclestory.com | **홈페이지** www.moonclestory.com

텍스트칼로리는 여러분의 소중한 원고를 기다리고 있습니다.

Published by Moonclestory.Co.,Ltd. Printed in Korea.
Copyright ⓒ 2022 뭉클스토리(주)

ISBN 979-11-88969-44-9 03000

※ 잘못된 책은 구입하신 서점에서 바꾸어 드립니다.